BILL WATTERSON

CALVIN

et Hobbes

Va jouer dans le mixer !

14

ÉDITIONS
Hors
COLLECTION

Du même auteur :

Adieu, monde cruel ! Tome 1
En avant, tête de thon ! Tome 2
On est fait comme des rats ! Tome 3
Debout, tas de nouilles ! Tome 4
Fini de rire ! Tome 5
Allez, on se tire ! Tome 6
Que fait la police ? Tome 7
Elle est pas belle, la vie ? Tome 8
On n'arrête pas le progrès ! Tome 9
Tous aux abris ! Tome 10
Chou bi dou wouah ! Tome 11
Quelque chose bave sous le lit ! Tome 12
Enfin seuls ! Tome 13

Dans la même collection :

Gébé - L'Age du fer
Gary Larson - L'Univers impitoyable contre-attaque
Gary Larson - La Revanche de l'univers impitoyable
Rick Kirkman / Jerry Scott - Bébé Blues, Tome 1
Rick Kirkman / Jerry Scott - Bébé Blues, Tome 2
Rick Kirkman / Jerry Scott - Bébé Blues, Tome 3

Retrouvez-nous sur Internet
http://www.Ed-Hors-Collection.tm.fr
catalogue, informations, jeux, messagerie
Email : horscoll@club-internet.fr

Titre original : ATTACK OF THE DERANGED MUTANT
KILLER MONSTER SNOW GOONS
Copyright © 1992, Bill Watterson
distribué dans le monde par l'Universal Press Syndicate
Tous droits réservés
Copyright © avril 1997, Hors Collection pour l'édition française
Traduit de l'américain par Laurent Duvault
Lettrage : Martine Segard
Isbn : 2-258-03944-4
Numéro d'éditeur : 116

C'EST DÉCIDÉ ; JE VEUX PAS ÊTRE CÉLÈBRE !

NON ?

NON. *N'IMPORTE* QUEL IDIOT PEUT DEVENIR CÉLÈBRE. JE VEUX ÊTRE LÉGENDAIRE !

HUM HUM.

HÉ, JE VOULAIS PAS DIRE LÀ, À L'INSTANT !

ON PEUT BRÛLER CES FEUILLES ?

NON, ÇA POLLUE.

MAIS COMMENT VA-T-ON APAISER LES GRANDS DÉMONS DES NEIGES SI ON NE SACRIFIE AUCUNE FEUILLE ?! ON VA AVOIR UN HIVER TIÈDE !

JE ME DEMANDE SI JE PRÉFÈRE TON APPROCHE DE LA THÉOLOGIE OU DE LA MÉTÉOROLOGIE.

JE VAIS ALLER ALLUMER DES CIERGES AUTOUR DU TOBOGGAN POUR IMPLORER LEUR PITIÉ.

TU CROIS QUE LES TIGRES VONT AU MÊME PARADIS QUE LES HUMAINS ?

AU PARADIS, LES GENS SONT CENSÉS ÊTRE HEUREUX, PAS VRAI ? MAIS COMMENT ÊTRE HEUREUX, SI ON RISQUE TOUT LE TEMPS D'ÊTRE MANGÉ PAR DES TIGRES !

D'UN AUTRE CÔTÉ, LE PARADIS NE SERAIT PAS TRÈS SYMPA SANS LES TIGRES. ILS ME MANQUERAIENT.

PEUT-ÊTRE QUE LES TIGRES NE MANGENT PAS LES GENS AU PARADIS.

MAIS, ALORS, C'EST NOUS QUI NE SERIONS PAS HEUREUX !

HÉ, PAPA, JE PARIE QUE JE DEVINE LE NOMBRE AUQUEL TU PENSES! VAS-Y, CHOISIS UN NOMBRE!

HMM... BON, ÇA Y EST.

C'EST 92 376 051?

INCROYABLE! C'EST ÇA!

ATTENDS! TU ESSAYES DE TE DÉBARRASSER DE MOI, C'EST ÇA?!

NON, TU ES VOYANT! VA MONTRER ÇA À TA MÈRE.

BEAUCOUP DE GENS N'ONT AUCUN PRINCIPE, MAIS PAS MOI! JE SUIS QUELQU'UN AUX GRANDS PRINCIPES!

JE VIS SELON UN PRINCIPE ET N'EN DÉVIE JAMAIS.

QUEL EST TON PRINCIPE?

"FAITES PLACE AU MEILLEUR."

LE SANDWICH QUE TU M'AS PRÉPARÉ AUJOURD'HUI? AU DÉJEUNER, LA CONFITURE AVAIT DÉTREMPÉ LE PAIN. ÇA M'A DÉGOÛTÉ.

ALORS DEMAIN, J'AIMERAIS LA CONFITURE DANS UN BOL À PART, AVEC UN COUTEAU, COMME ÇA J'ÉTALERAI LA CONFITURE AU DERNIER MOMENT AVANT DE MANGER LE SANDWICH.

ET PUIS TU T'OBSTINES À UTILISER LE PAIN DU MILIEU DE LA MICHE. JE N'AIME CES MORCEAUX QUE POUR LES TOASTS. POUR LES SANDWICHES, JE PRÉFÈRE LES ENTAMES, QUI ABSORBENT MOINS LA CONFITURE. COMPRIS?

NOM DE NOM, ELLE A RECOMMENCÉ!

REGARDEZ-MOI ÇA ! TU AS FAIT TON LIT SANS QU'ON TE LE DEMANDE ! C'EST FORMIDABLE, CALVIN !

DIS DONC, TA MAMAN EST SUPER GENTILLE QUAND TU L'AIDES.

OUI, VOILÀ POURQUOI JE NE L'AIDE PAS, D'HABITUDE.

J'AIME QUE MAMAN SOIT IMPRESSIONNÉE QUAND JE REMPLIS LA MOINDRE DE MES OBLIGATIONS.

REGARDEZ PAR LA FENÊTRE ! IL NEIGE ! IL Y A PRESQUE UN CENTIMÈTRE !

D'ICI DEMAIN, JE PARIE QU'IL Y AURA DES TONNES DE NEIGE ! VOUS CROYEZ QUE LES ÉCOLES SERONT FERMÉES ?

QUOI ? AH OUI ? EH BEN, VOUS AUSSI !!

JE ME DEMANDE COMMENT QUELQU'UN D'AUSSI COLÉRIQUE PEUT ÊTRE PROVISEUR.

QUELLE DESCENTE !

TU L'AS DIT !

J'AVAIS ENCORE JAMAIS VU UNE LUGE PRENDRE FEU !

HEUREUSEMENT QUE L'ÉTANG N'ÉTAIT PAS GELÉ !

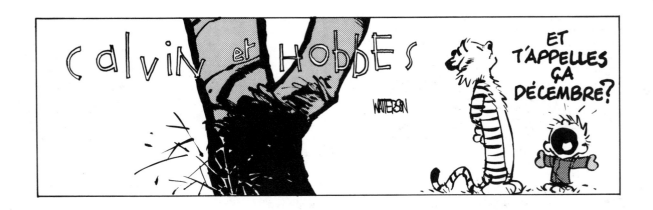

LIMONADE ! DEMANDEZ VOTRE LIMONADE GLACÉE ! TRENTE FRANCS LE VERRE, JUSQU'À ÉPUISEMENT DES STOCKS !

COMMENT ÇA MARCHE ?

HORRIBLE. JE NE COMPRENDS PAS.

IL FAIT SUPER FROID.

OUI. T'AS VU, MA LIMONADE EST "NATURELLEMENT "RÉFRIGÉRÉE ! TU VEUX ACHETER UN VERRE ?

DÉSOLÉ. TOUTES MES ÉCONOMIES SONT PLACÉES.

JE DEVRAIS PEUT-ÊTRE PASSER À CENT FRANCS, J'EN AURAI MOINS À VENDRE.

QUAND JE GRANDIRAI, JE SERAI PHÉNOMÉNALEMENT RICHE ! JE SERAI L'HOMME LE PLUS RICHE DU MONDE !

MAIS LA RICHESSE NE ME CHANGERA PAS !

FLÛTE. C'ÉTAIT NOTRE DERNIER ESPOIR.

TU TE SENTIRAS BIEN SEUL DANS LA MAISON DE RETRAITE.

PEUT-ÊTRE QUE JE POURRAI Y FINIR CE LIVRE.

TU VEUX ENTENDRE UNE BLAGUE QUE JE VIENS D'INVENTER ?

BIEN SÛR !

QU'EST-CE QUE TU OBTIENS QUAND TU CROISES UN SERPENT AVEC UN HÉRISSON ?

JE VOIS PAS !

DU FIL DE FER BARBELÉ ! T'AS COMPRIS ?

AH HA HA HA HA HA ! OH ! OH ! HAA HA HA !

IL REFUSE JUSTE D'ACCEPTER LE FAIT QUE JE SERAI LE CENTRE D'ATTRACTION DE TOUTES LES FÊTES.

CALVIN et HOBBES

MERCI, CLAIRE. C'ÉTAIT TRÈS BIEN... BON, À QUI LE TOUR ?

PERSONNE, À PART CALVIN ?

HÉ !

POUR CET EXPOSÉ, J'AI APPORTÉ CES FANTASTIQUES MORCEAUX D'OS FOSSILISÉS QUE J'AI EXTIRPÉS À GRAND-PEINE DES DÉPÔTS SÉDIMENTAIRES DE MON JARDIN !

MÊME S'ILS ONT L'AIR DE VULGAIRES GRAVIERS AUX YEUX DU PROFANE IGNORANT, J'AI IMMÉDIATEMENT RECONNU DES MORCEAUX DE MÂCHOIRE D'UNE NOUVELLE ESPÈCE DE CARNOSAURE !

DANS CETTE REPRÉSENTATION GRAPHIQUE, J'AI RECRÉÉ UN CALVINORUS COMPLET, TEL QU'IL ÉTAIT À LA FIN DU JURASSIQUE ! ICI, SA COULEUR EST PUREMENT CONJONCTURELLE.

JE PUBLIERAI BIENTÔT L'ENSEMBLE DE MES TRAVAUX. SANS AUCUN DOUTE, JE SERAI LE LAURÉAT DE NOMBREUX PRIX LUCRATIFS DE PALÉONTOLOGIE, ET D'ICI QUELQUES SEMAINES, JE CONNAÎTRAI LA CÉLÉBRITÉ, LE PRESTIGE ET LA FORTUNE !

QUAND CE SERA FAIT, VOUS POUVEZ VRAIMENT ÊTRE SÛRS QUE TOUS CEUX QUI ONT ÉTÉ MÉCHANTS AVEC MOI SOUFFRIRONT DE FAÇON APPROPRIÉE !

J'UTILISERAI TOUTES MES RESSOURCES POUR VOUS GÂCHER LA VIE. J'ÉCRASERAI VOS RÊVES MINABLES ET VOS AMBITIONS COMME DES MOUCHES !

... MAIS IL EXISTE UNE ALTERNATIVE ! J'ACCEPTE UN NOMBRE LIMITÉ D'ENGAGEMENTS À ÊTRE MON AMI. CELA NE VOUS COÛTERA QUE CENT FRANCS PAR PERSONNE. DES VOLONTAIRES ?

AH OUI ? VOUS VERREZ !

PRINCIPAL

CaLviN et HoBbEs

WATTERSON

ET VOILÀ !

ON N'A PLUS QU'À LE MONTER SUR LE TOIT.

PÈRE NOËL : DES CADEAUX EN TROP ? LAISSEZ-LES LÀ ! CALVIN

ON RACONTE QUE LE PÈRE NOËL PEUT SAVOIR SI TU AS ÉTÉ GENTIL OU MÉCHANT.

OUI.

MAIS PENSE À TOUS LES ENFANTS QU'IL Y A DANS LE MONDE ! PERSONNE NE PEUT TOUS LES SURVEILLER EN MÊME TEMPS ! ET PUIS, IL EST VIEUX ! IL DOIT FAIRE DES SIESTES !

A MON AVIS, IL DOIT FAIRE DES TESTS AU HASARD UNE FOIS OU DEUX PAR SEMAINE.

C'EST TOUT ?

BIEN SÛR ! IL ATTRAPE PLEIN DE MÉCHANTS ENFANTS POUR FAIRE PEUR À TOUS LES AUTRES. EN FAIT, TOUT ÇA C'EST BIDON !

ASSEZ BIEN VU.

OUI. MAIS LÀ, JE M'OCCUPE DE LUI. JE VAIS EMBRASSER SUZIE AVEC CETTE BOULE DE NEIGE ! SI JE SUIS ASSEZ RAPIDE, LES CHANCES POUR QUE LE PÈRE NOËL ME VOIE SONT QUASI NULLES !

ET SI SUZIE TE DÉNONCE ?

OOH, JE N'Y AVAIS PAS PENSÉ ! C'EST UNE FILLE, DONC ELLE VA CAFTER.

PFFF !

J'ESPÈRE QU'IL REGARDE MAINTENANT ET QU'IL VOIT COMME JE SUIS GENTIL.

GENTIL CONTRAINT ET FORCÉ, MAIS GENTIL QUAND MÊME.

WATTERSON

TU REGARDES UNE ÉMISSION DE NOËL ?

OUI.

ENCORE UN PROGRAMME EXALTANT L'AMOUR ET LA PAIX INTERROMPU TOUTES LES SEPT MINUTES PAR DES PUBLICITÉS ENCOURAGEANT L'APPÂT DU GAIN ET LE GASPILLAGE.

JE PRÉFÈRE NE PAS PENSER À CE QUE TU RE-TIENDRAS DE TOUT ÇA.

JE RETIENS QU'IL ME FAUT MA PROPRE TÉLÉ POUR LA REGARDER EN PAIX.

J'ÉCRIS MA LISTE DE NOËL, HOBBES ! JE TE RAJOUTE QUEL-QUE CHOSE ?

HUMM ... JE NE TROUVE RIEN.

RIEN ? VRAIMENT RIEN !

J'AI UNE BONNE MAISON ET UN MEILLEUR AMI ! QU'EST-CE QU'UN TIGRE VOUDRAIT DE PLUS ?

CE DOIT ÊTRE TRISTE D'APPARTENIR À UNE RACE AVEC SI PEU D'IMAGINATION.

MERCI DE M'AVOIR AIDÉ À POSTER UNE LETTRE AU PÈRE NOËL !

ÇA, ELLE ÉTAIT LOURDE.

CES GROSSES ENVELOPPES NE CON-TIENNENT QU'UNE CENTAINE DE PAGES. VOILÀ POURQUOI J'AI PRIS UNE BOÎTE.

J'ESPÈRE QUE LE PÈRE NOËL NE VA PAS SE FAIRE UN TOUR DE REINS EN LA RECEVANT.

TOUT CE QUE JE PEUX DIRE, C'EST QUE CETTE ANNÉE IL VA M'APPOR-TER TOUT CE QUE J'AI DEMANDÉ J'AI ÉTÉ EXTRÊ-MEMENT GENTIL.

ET CET INCI-DENT AVEC LES NOUILLES ?

PERSONNE N'A PU PROU-VER QUE C'ÉTAIT MOI !!

TOUTES CES HISTOIRES DE PÈRE NOËL QUI RÉCOMPENSE LES BONS ENFANTS ET OUBLIE LES MÉCHANTS M'ENNUIENT.

...C'EST PAS COMME SI J'AVAIS QUELQUE CHOSE À CRAINDRE, BIEN SÛR.

TU ES UN VRAI PARANGON DE VERTU.

EXACT! MAIS, TU VOIS, IL Y A CERTAINES CHOSES COMMISES PAR UN ENFANT GENTIL QUI PEUVENT PARAÎTRE MÉCHANTES D'UN CERTAIN POINT DE VUE, SI ON NE TIENT PAS COMPTE DE TOUTES LES CIRCONSTANCES.

COMME GARDER UN CRAPAUD INCONTINENT DANS LE TIROIR DES PULLS DE TA MÈRE?

TOUT À FAIT. SI J'AVAIS GRANDI DANS UN MEILLEUR ENVIRONNEMENT, JE NE FERAIS PAS DES CHOSES PAREILLES.

SI LE PÈRE NOËL DOIT JUGER MON COMPORTEMENT SUR L'ANNÉE PASSÉE JE DOIS ÊTRE REPRÉSENTÉ LÉGALEMENT! C'EST LA LOI!

SOYONS CLAIR, IL Y A BEAUCOUP DE CADEAUX DE NOËL EN JEU, ET LA LOI DIT QUE NUL NE PEUT ÊTRE DÉPOSSÉDÉ DE SES BIENS SANS UNE PROCÉDURE LÉGALE.

ALORS TU PEUX ÊTRE MON AVOCAT! D'ACCORD?!

MOI??

BIEN SÛR! TIENS, UN BLOC-NOTES! TU ES PRÊT!

BON, MAIS JE N'IRAI PAS AUX ASSISES!

BON, HOBBES PUISQUE TU ES MON AVOCAT, TU DEVRAS ÉTUDIER MON DOSSIER.

OUI. NOUS ESSAYERONS DE PROUVER QUE TU ÉTAIS FOU AU MOMENT DES CRIMES DONT ON T'ACCUSE.

ON NE PLAIDE PAS LA FOLIE CRÉTIN! ON DIT QUE JE SUIS INNOCENT!

INSULTER UN AVOCAT EST UNE INFRACTION! FAIS ATTENTION MON GARS!

TU ES SUPPOSÉ PLAIDER QUE JE N'AI PAS ÉTÉ MÉCHANT CETTE ANNÉE, ET QUE JE MÉRITE D'ÊTRE SUR LA LISTE DES "GENTILS" DU PÈRE NOËL.

SI C'EST ÇA NOTRE AFFAIRE TU DEVRAIS LA RÉGLER HORS DES TRIBUNAUX.

DANS UNE MINUTE, TOI ET MOI, NOUS ALLONS RÉGLER ÇA HORS DE LA MAISON.

SALUT MAMAN! HOBBES ET MOI ALLONS AU PÔLE NORD!

AU PÔLE NORD?

OUI, ON VA VOIR LE PÈRE NOËL.

POURQUOI? TU LUI AS DÉJÀ ENVOYÉ TA LISTE?

OUI, MAIS JE CRAINS QUE LE PÈRE NOËL N'AIT PAS PRIS EN COMPTE MA VERSION DE CERTAINS ÉVÉNEMENTS RÉCENTS. HOBBES VA ÊTRE MON AVOCAT ET DÉFENDRE MON CAS.

RÉCENTS COMMENT, CES ÉVÉNEMENTS DONT TU PARLES?

ON DOIT FILER, MAMAN. LA ROUTE EST LONGUE.

BON, VOILÀ NOTRE STRATÉGIE: QUAND ON ARRIVE AU PÔLE NORD, ON DIT AU PÈRE NOËL QUE J'AI ÉTÉ VICTIME D'UNE MONSTRUEUSE CALOMNIE ET QU'ON LUI RÉCLAME JUSTICE.

ON DIRA QUE JE SUIS VRAIMENT SAGE... UN BON GARÇON AU CŒUR D'OR!

ON DIRA QUE JE SUIS GENTIL GENTIL, DU LEVER JUSQU'AU...

HÉ! VOILÀ SUZIE!

... MOMENT OÙ TU REPRENDS TES ESPRITS.

ELLE NE NOUS A PAS VUS! VITE, FAIS DES BOULES DE NEIGE!

SUZIE EST TOUJOURS CONCENTRÉE SUR SON BONHOMME DE NEIGE. ALLONS LA BOMBARDER!

IL Y A DEUX MINUTES, NOUS ÉTIONS EN ROUTE POUR EXPLIQUER AU PÈRE NOËL COMME TU ÉTAIS GENTIL. ALORS?

OUPS, J'AVAIS OUBLIÉ!

D'APRÈS TOI, ÇA ME COÛTERAIT COMBIEN DE CADEAUX DE LUI EN ENVOYER JUSTE UNE SUR LA TÊTE?

17

LES COURSES SONT FAITES, LES CADEAUX EMBALLÉS ET ENVOYÉS, ET CALVIN EST AU LIT. POUR LA PREMIÈRE FOIS DU MOIS, IL N'Y A RIEN À FAIRE.

JE SAIS, PARFOIS CETTE SAISON SEMBLE INCONTRÔLABLE. ON NE PENSE PAS SOUVENT À TOUT CE QUE ÇA SIGNIFIE.

HUM. QU'IL EST BON DE S'ASSEOIR PRÈS D'UN BON FEU ET DE PRENDRE UN PEU DE TEMPS POUR RÉFLÉCHIR.

ÇA VA PAS ? DU PÈRE NOËL FLAMBÉ !?

PSST ! RÉVEILLE-TOI ! JOYEUX NOËL, MON VIEUX !

JOYEUX NOËL !

JE NE T'AI PAS ACHETÉ DE CADEAU MAIS TU ES MON MEILLEUR AMI DU MONDE, HOBBES.

TOI AUSSI, TU ES MON MEILLEUR AMI. JE PENSE QUE C'EST UN SUPER CADEAU.

BON, ÇA SUFFIT ! IL EST PRESQUE 4 HEURES ! ALLONS RÉVEILLER PAPA ET MAMAN ET VOIR CE QUE LE PÈRE NOËL NOUS A APPORTÉ.

RAPPELLE-TOI NOTRE ACCORD : S'IL T'A APPORTÉ DU SAUMON, ON PARTAGE.

CHÈRE MAMIE,
Merci pour la jolie boîte de crayons que tu m'as envoyée pour Noël.

C'EST RAPIDE.

OH OUI, JE LUI ENVOIE TOUJOURS TOUT DE SUITE UN MOT POUR LA REMERCIER.

... DEPUIS QU'ELLE M'A ENVOYÉ CETTE BOÎTE VIDE AVEC CETTE NOTE SARCASTIQUE DISANT QU'ELLE VÉRIFIAIT JUSTE SI LA POSTE FONCTIONNAIT TOUJOURS.

21

HIIII ! LE VOILÀ !

FAIS DES BOULES ! ON VA LE DÉGOMMER !

YAA ! YAAA !

UNGHH !

LES BOULES DE NEIGE COLLENT SUR LUI.

REGARDE, ÇA LUI A DONNÉ UNE IDÉE !

IL SE RAJOUTE ENCORE PLUS DE NEIGE !

IL SE GROSSIT ! OH, NON !

IL CONTINUE À SE RAJOUTER DE LA NEIGE ! IL DEVIENT ÉNORME !

C'EST TRÈS EFFRAYANT !

ET LÀ, IL FAIT UNE ÉNORME BOULE DE NEIGE IL Y RAJOUTE DES PIERRES ET DES BÂTONS ! POURQUOI ?

BEURK ! IL SE FAIT UNE SECONDE TÊTE !

SI LE SOLEIL VOULAIT BIEN SORTIR ÇA M'IRAIT TRÈS BIEN.

ET IL SE RAJOUTE UN AUTRE BRAS ! IL SE TRANSFORME EN UN SALE MONSTRUEUX BONHOMME DE NEIGE.

LE MONSTRE DE NEIGE SE DIRIGE VERS LE PERRON !

COUPONS PAR DERRIÈRE ET CONSTRUISONS UN FORT.

QUE CROIS-TU QU'IL VA FAIRE ?

JE L'IGNORE, MAIS QUOI QU'IL FASSE, ON VA AVOIR BESOIN DE PROTECTION.

CALVIN, TON BONHOMME DE NEIGE EST HIDEUX. POURQUOI NE PEUX-TU PAS EN FAIRE UN NORMAL ?

J'AI ESSAYÉ, PAPA.

23

MAMAN ET LA RAISON SONT COMME L'EAU ET L'HUILE.

PAPA, NE ME TUE PAS ! JE PEUX TOUT EXPLIQUER ! AU SECOURS !

LES MONSTRES ! JE LES AI GELÉS, ILS ALLAIENT M'ATTRAPER, ALORS JE DEVAIS AGIR EN PREMIER ! DEMANDE À HOBBES !

CALVIN, IL EST MINUIT PASSÉ. NOUS DISCUTERONS DE TOUT ÇA DÈS DEMAIN MATIN. CROIS MOI. POUR L'INSTANT, FILE AU LIT !

COMME SI J'ALLAIS POUVOIR DORMIR, À PRÉSENT !

VOUS VOYEZ ? VOUS VOYEZ CES MONSTRES ? JE LES AI PAS FAITS ! EN VRAI, J'EN AI FAIT UN, UN PEU PAR ACCIDENT, MAIS LE RESTE S'EST FAIT LUI-MÊME ! ILS CONSTRUISAIENT UNE ARMÉE.

C'EST POURQUOI J'AI DÛ LES GELER LA NUIT DERNIÈRE ! JE DEVAIS LES AVOIR PENDANT QU'ILS DORMAIENT ! C'ÉTAIT MA SEULE CHANCE ! VOUS VOYEZ, TOUT S'EXPLIQUE !

VOUS VOYEZ ?

ILS NE VOIENT JAMAIS.

BON, HOBBES, JE PARIE QU'IL Y A UNE MORALE À TOUT ÇA !

LAQUELLE EST-CE ?

"LES MONSTRES ATTIRENT LES ENNUIS !"

CETTE LEÇON DOIT CERTAINEMENT ÊTRE INAPPLICABLE AILLEURS DANS LA VIE !

J'AIME LES MAXIMES QUI N'ENCOURAGENT PAS À CHANGER DE COMPORTEMENT.

CALVIN et HOBBES

WATTERSON

JE SUIS LÀ !

UN PETIT BONHOMME DE NEIGE !

POURQUOI TU ES DEHORS SANS MANTEAU ?

MOI ? POUR RIEN.

!

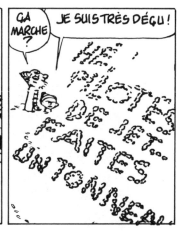

ALLEZ, AU LIT, CALVIN.

TU PEUX METTRE MON CORPS AU LIT, MAIS MON ESPRIT VA RESTER ICI, ALORS POURQUOI TOUTES CES HISTOIRES ? POURQUOI JE NE RESTERAIS PAS DEBOUT ?

PARCE QUE LE CORPS EST LA MAISON DE L'ESPRIT, ET SI TU N'ES PAS AU LIT DANS DEUX MINUTES, TON ESPRIT VA ÊTRE SDF POUR TOUJOURS.

QU'ON EST BIEN CHEZ SOI !

IL DEVRAIT Y AVOIR UNE LOI CONTRE L'ÉCOLE LES JOURS OÙ IL Y A ASSEZ DE NEIGE POUR JOUER.

BIEN SÛR, JE CROIS QU'IL NE FAUT PAS D'ÉCOLE NON PLUS EN AUTOMNE... L'ÉTÉ EST DÉJÀ RÉGLÉ... ET IL Y A LE PRINTEMPS...

ON DEVRAIT ALLER À L'ÉCOLE UN JOUR EN NOVEMBRE ET UN JOUR EN MARS.

EN SIXIÈME, TU PRENDRAS TA CANNE AVEC TON CARTABLE.

ET AVANT D'ARRIVER AU BAC, JE PRENDS MA RETRAITE.

ET VOICI LE BATEAU GÉANT ! TUUUUUUT ! TUUUUUUT !

MAIS QUE SE PASSE-T-IL ? IL FONCE VERS UN DÉTROIT DANGEREUX !

LE PÉTROLIER S'EST ÉCHOUÉ, MAMAN !

TU AS VERSÉ DE L'ENCRE DANS TON BAIN ??

REGARDE CE QUE J'AI FAIT, HOBBES.

C'EST QUOI ?

C'EST QUOI ? C'EST UNE EMPREINTE D'OISEAU GÉANT ! JE VAIS LA PRESSER DANS LA NEIGE ET FAIRE CROIRE À TOUT LE MONDE QU'UNE MÉSANGE DE DEUX TONNES A ATTERRI PAR ICI !

JE PARIE QUE POUR CERTAINS LE TEMPS EST PLUS PRÉCIEUX QUE POUR D'AUTRES.

IL EST JALOUX PARCE QUE J'ACCOMPLIS TELLEMENT PLUS DE CHOSES QUE LUI.

HÉ, PAPA, TU VOULAIS QUE JE BALAYE LA NEIGE DANS L'ALLÉE ? EH BIEN, J'AI TROUVÉ UNE MEILLEURE IDÉE !

JE PELLETTE LA NEIGE ET J'EN FAIS UNE GRANDE RAMPE ! ALORS TU MONTES EN VOITURE, AVANCES JUSQU'À LA LIGNE ROUGE, T'EMBRAYES, TU LAISSES UNE TRACE DE PNEU FONDU DEVANT LE GARAGE ET TU FONCES SUR LA RAMPE !

ET ON POURRAIT EMPILER DES TRUCS ET DES BARILS DANS L'ALLÉE ET VOIR COMBIEN TU PEUX EN SAUTER ! ÇA SERAIT SUPER, NON ?

DES FOIS, JE COMPRENDS PAS POURQUOI CERTAINS ONT DES VOITURES.

AAAAAH ! UN SERPENT DE NEIGE M'A ATTRAPÉ !

LES HORRIBLES DENTS INTÉRIEURES DE SA MÂCHOIRE SUPÉRIEURE INDÉPENDANTE M'ENTRAÎNENT DANS SON GOSIER GLACIAL ! SAUVE-TOI !

AU MOINS J'AI UN CERVEAU... C'EST PAS COMME CERTAINS CINGLÉS QUE JE CONNAIS.

JE SUPPOSE QUE MOI AUSSI JE SERAIS AGRESSIF AVEC DEUX CHROMOSOMES X !

CaLViN et HObbES

WATTERSON

CALVIN RÉALISA SOUDAIN QUE LE MONDE N'AVAIT PLUS DE NUANCE, DE VALEUR OU DE COULEUR !

EST-CE QUE LES PHOTO-RÉCEPTEURS DES YEUX DE CALVIN NE MARCHENT PLUS, OU BIEN LA NATURE FONDAMENTALE DE LA LUMIÈRE A-T-ELLE CHANGÉ ?

PEUT-ÊTRE QU'UNE ÉTRANGE RÉACTION CHIMIQUE OU NUCLÉAIRE DU SOLEIL A CAUSÉ UNE RADIATION ÉLECTROMAGNÉTIQUE POUR DÉFIER LA SÉPARATION DU SPECTRE.

PEUT-ÊTRE QUE LES OBJETS NE REFLÈTENT PLUS DE LONGUEURS D'ONDES ! QUELLE QU'EN SOIT LA CAUSE, POUR CALVIN ÇA NE SERT À RIEN DE DISCUTER DE TRUCS AVEC SON PÈRE !

LE PROBLÈME AVEC TOI, C'EST QUE TOUT EST NOIR OU BLANC.

DES FOIS, C'EST COMME ÇA !

36

CαlViN et HObbEs

WATTERSON

J'ÉTAIS COUCHÉ SUR LE DOS POUR FAIRE UN ANGE DANS LA NEIGE ET J'AI VU APPARAÎTRE UN VAISSEAU VERDÂTRE : UN OVNI GÉANT !

IL ÉMIT UN ÉTRANGE SON EXTRA-TERRESTRE ! IL RESTA EN VOL STATIONNAIRE ! DES ALIENS BOUGEAIENT DERRIÈRE DES HUBLOTS ROUGEOYANTS.

J'AI ESSAYÉ DE ME METTRE À L'ABRI MAIS ILS ONT DESCENDU UN CROCHET ET M'ONT ATTRAPÉ PAR L'ANORAK POUR ME HISSER À BORD !

J'AI ESSAYÉ DE ME DÉFENDRE, ET BIEN QU'ILS SOIENT EN SURNOMBRE, J'AI ÉBORGNÉ LEURS MULTIPLES YEUX ET TIRÉ SUR LEURS ANTENNES !

RIEN À FAIRE ! ILS M'ONT TRAÎNÉ SUR UNE PLATE-FORME, M'Y ONT ATTACHÉ ET ONT BRANCHÉ MON CRÂNE À UNE COUPOLE ASPIRANTE SATANIQUE.

ILS L'ONT BRANCHÉE ET DU COURANT A TRAVERSÉ MON CERVELET, EXTIRPANT DE MES NEURONES CE QUE JE REFUSAIS DE DIRE.

TOUS LES MATHS QUE JE SAVAIS, LES NOMBRES ET LES ÉQUATIONS ONT ÉTÉ ÔTÉS MÉCANIQUEMENT DURANT CE LAVAGE DE CERVEAU.

M'ÉCHAPPER A ÉTÉ TOUTE UNE AVENTURE (JE NE VOUS AVOUERAI PAS CE QUE J'AI DÛ FAIRE) JE NE PEUX PLUS ADDITIONNER. ALORS DEMANDEZ À QUELQU'UN D'AUTRE.

LA GRAVITÉ EXCESSIVE DE LA TERRE NE BATTRA PAS L'HYPERFORCE D'HYPER-MAN !

AVEC SES MUSCLES PUIS-SANTS, L'HOMME MASQUÉ MYTHIQUE ROULE UNE BOULE DE NEIGE GIGANTESQUE ...

ET VOLE JUSQU'À LA STRATOSPHÈRE ...

... OÙ IL UTILISE SON HYPERVISION POUR LOCA-LISER SA DIABOLIQUE ENNEMIE, STUPIDE GIRL !

DU HAUT DU CIEL, HYPERMAN REPREND L'AVANTAGE SUR LA FORTE GRAVITÉ TERRESTRE !

DROIT AU BUT ! HYPERMAN TRIOMPHE !

STUPIDE GIRL VAINCUE, LA MERVEILLE, VIVE COMME L'ÉCLAIR, FONCE RÉENDOS-SER SON IDENTITÉ SECRÈTE.

TU AS SAUVÉ LA TERRE ?

LA JUSTICE RÈGNE UNE FOIS ENCORE.

CALVIN, LA MAMAN DE SUZIE VIENT D'APPELER. JE VEUX TE PARLER !

LA MAMAN DE SUZIE DIT QUE TU AS LANCÉ SUR SUZIE UNE BOULE DE NEIGE GROSSE COMME UNE BOULE DE BOWLING DU HAUT D'UN ARBRE.

ÇA NE PEUT PAS ÊTRE MOI. JE SUIS TROP BIEN ÉLEVÉ !

ELLE A DÉCRIT TRÈS EXACTE-MENT LA CAPE ET LA CAGOULE QUE J'AI FAITES !

EH BEN, CE DOIT ÊTRE HYPERMAN, DÉFENSEUR DE LA LIBERTÉ ET DE LA JUSTICE ! JE SUIS SÛR QUE SUZIE MÉRITAIT CE QU'ELLE A EU.

ÉCOUTE-MOI. TU PEUX BLES-SER QUELQU'UN EN FAISANT ÇA, ET SI J'ENTENDS ENCORE QUOI QUE CE SOIT, JE TE CONFISQUE TON COSTUME POUR DE BON. COMPRIS ?

HUM, ON DIRAIT UN AUTRE TRAVAIL POUR HYPERMAN !

EN FAIT, ÇA NE RESSEMBLE PAS TROP À SON TYPE DE TRAVAIL !

CALVIN et HOBBES

WATTERSON

POUR QUOI?

MAMAN ME LAISSE JAMAIS VEILLER POUR REGARDER À LA TÉLÉ LES ÉMISSIONS QUE JE VEUX VOIR.

ELLE DIT QU'ELLES SONT TROP ÉDUCATIVES.

J'AI VU UNE ÉMISSION SUR LA NATURE, HIER À LA TÉLÉ.

APRÈS, J'AI DEMANDÉ À PAPA SI LA VIE NE SERVAIT VRAIMENT À RIEN D'AUTRE QUE D'ESSAYER DE SE REPRODUIRE AVANT DE SERVIR DE NOURRITURE À QUELQU'UN D'AUTRE!

QU'A-T-IL RÉPONDU?

BEN, IL M'A REGARDÉ PENDANT UNE MINUTE ET M'A DIT QU'IL NE SAVAIT PAS POUR LA FIN, MAIS QUE, SELON LUI, L'IMPORTANCE DE LA REPRODUCTION ÉTAIT TRÈS SURFAITE.

J'AI NOTÉ QUE DANS CES PROGRAMMES BEAUCOUP DE JEUNES MÂLES QUITTENT SOUVENT LA HORDE ASSEZ VITE.

JE TROUVE ÇA BIEN QUE TOUT LE MONDE DEVIENNE DE LA NOURRITURE.

WATTERSON

PAPA, COMMENT DES SOLDATS QUI S'ENTRE-TUENT PEU-VENT-ILS RÉSOUDRE LES PRO-BLÈMES DU MONDE ?

JE CROIS QUE LES ADULTES AGISSENT EN FAISANT SEMBLANT DE SAVOIR CE QU'ILS FONT.

COMMENT ÉTAIT L'ÉCOLE, MON CHÉRI ?

JE SUIS RESTÉ COINCÉ DANS MA SALOPETTE DE SKI.

OH, QUE S'EST-IL PASSÉ ?

BEN, LA FER-METURE ÉCLAIR A GELÉ, ALORS J'AI ESSAYÉ DE LA FORCER, PUIS MA MOUFLE S'EST COINCÉE ET A BLOQUÉ LA FERMETURE ÉCLAIR.

J'AI ESSAYÉ DE RETIRER MA SALOPETTE MAIS J'AI OUBLIÉ D'ENLEVER D'ABORD MES BOTTES, ALORS ELLES SE SONT COINCÉES, ALORS MON PANTALON S'EST EMMÊ-LÉ, ALORS JE SUIS TOMBÉ ET LA MAÎTRESSE A DÛ APPELER DEUX SURVEILLANTS POUR ME DÉPÊTRER.

N'OUBLIE PAS DE ME LA REMETTRE DEMAIN.

REGARDE, J'AI DE LA PÂTE À MODELER !

QUE FAIS-TU ?

C'EST UN SABOT.

UN SABOT ?

OUI ! ÇA SERA UNE STATUE ÉQUESTRE GRANDEUR NATURE DE MOI !

UN NOUVEAU CAVALIER DE L'APOCALYPSE, HEIN ?

JE CROIS QU'IL ME FAUDRA PLUS DE PÂTE À MODELER.

CaLViN et HobbEs

WATTERSON

J'AI DÉCIDÉ D'ÊTRE PLUS "SOCIAL", ET DE ME FAIRE PLUS D'AMIS.

POUR-QUOI?

J'AI PAS ASSEZ DE CADEAUX.

À PARTIR DE MAINTENANT, JE ME DÉVOUE À LA CULTU-RE DES RELATIONS INTER-PERSONNELLES.

APRÈS TOUT, PERSONNE N'EST SEUL AU MONDE, ON A TOUS BESOIN D'AMOUR ET DE L'AIDE DES AUTRES. NOUS SOMMES DES ÊTRES SOCIAUX AVEC DES BESOINS SOCIAUX.

DONC, À PARTIR D'AU-JOURD'HUI, MON BUT EST DE NE FAIRE QU'UN AVEC MON PROCHAIN, D'ENTRETENIR CES VRAIES RELATIONS QUI... JUSTE UNE MINUTE...

HÉ! SUZIE! LÈVE LA TÊTE! HA HA!!

POW!

AAAH! AU SECOURS! AU SECOURS!

J'AI CHANGÉ D'AVIS, HOBBES. LES GENS SONT NULS.

JE CROIS QUE LE VRAI BONHEUR N'EXISTE QUE DANS L'INDULGENCE DÉS-INTÉRESSÉE DES ANIMAUX.

CALVIN et HOBBES

WATTERSON

LA LOINTAINE PLANÈTE Z·12.

LOINTAINE POUR TOUT LE MONDE SAUF POUR SPIFF LE SPATIONAUTE !

SPIFF LE SPATIONAUTE, L'EXPLORATEUR SANS PEUR SURVOLE LES DUNES DÉSOLÉES D'UNE PLANÈTE INCONNUE !

AUCUNE VÉGÉTATION NE COUVRE LE TERRAIN ACCIDENTÉ. DES MILLIONS D'ANNÉES D'EXPOSITION À UN AIR SANS ATMOSPHÈRE ONT TOUT NETTOYÉ.

D'ÉTRANGES AGENTS CHIMIQUES DOIVENT COMPOSER CE SOL ALIEN ! EN PASSANT UN RAVIN, LES ROCHERS CHANGENT BRUSQUEMENT DE COULEUR !

MORBLEU ! UNE IMMENSE MONTAGNE S'ÉLÈVE DE LA PLAINE ! NOTRE HÉROS REDRESSE !

D'EN HAUT, SPIFF DÉCOUVRE QUE CE N'EST PAS DU TOUT UNE MONTAGNE ! TOUT LE PAYSAGE EST... LE LIT D'UN HORRIBLE MONSTRE !

ZG ! MF ! WHU ! D'ACCORD QUELLE HEURE EST-IL ?

LA CRÉATURE SEMBLE HOSTILE ! PAS DE TEMPS À PERDRE ! NOTRE HÉROS PRÉPARE UNE HYDRO BOMBE.

AAAAH! QUI A FAIT ÇA ?!

Le cri de la femme atteint une octave réservée d'habitude aux ultrasons, mais cela signifiait que j'avais une affaire, et le bruit des biftons est toujours de la musique à mes oreilles. Je ne suis pas critique d'opéra, mais un détective privé.

Je gardais deux magnums dans mon bureau. L'un est un revolver que je garde chargé. L'autre est une bouteille qui me permet de rester chargé. Je suis balle traçante, fouineur professionnel.

C'est un dur boulot, mais je suis un vrai dur. Certains n'aiment pas avoir de public quand ils travaillent. Beaucoup d'entre eux m'ont dit que j'étais le rêve exaucé d'un phrénologiste.

Fouiner paye mes factures. Toutes mes factures. Celles de mon bookmaker, et celles de mon officier de surveillance.

Soudain une grande brune ouvrit la porte avec une affaire pour moi. Mon cœur bondit et je pris le boulot.

Sa femme me confia l'affaire. Elle avait l'air plutôt bizarre, mais j'ai pas le luxe de choisir mes clients.

Elle était plutôt entreprenante. Le genre à vous briser le cœur ou peut-être les bras. Je me hâtais.

Soit c'était une décoratrice psychotique, soit sa maison avait été saccagée par quelqu'un de très pressé.

ALORS ?! COMMENT EXPLIQUES-TU CECI ?

La femme était hystérique, elles le sont souvent.

46

QU'AS-TU À DIRE POUR TA DÉFENSE ?

NE TOUCHEZ À RIEN. JE CHERCHE DES INDICES.

LE DÉCLIC D'UN CHIEN ARMÉ DERRIÈRE MA TÊTE RASSEMBLA MES PENSÉES COMME SEUL Y ARRIVE UN .38 CHARGÉ.

LA FEMME M'AVAIT PIÉGÉ ! ELLE NE VOULAIT PAS DU TOUT QUE JE RÉSOLVE L'AFFAIRE ! ELLE VOULAIT JUSTE ME FAIRE PORTER LE CHAPEAU.

ALORS ?

JE N'AIMAIS PAS LA TOURNURE QUE PRENAIT L'HISTOIRE, ALORS JE DÉCIDAI DE RÉÉCRIRE LA FIN, AVEC L'AIDE DE MON .45 AUTOMATIQUE.

JE PRÉSENTAI À LA FEMME UN AMI TRÈS PROCHE ET TRÈS CHER À MON CŒUR, JUSTE UN PEU PLUS BAS ET À GAUCHE, POUR ÊTRE PRÉCIS.

MON AMI EST TRÈS ÉLOQUENT. IL BALANÇA TROIS ARGUMENTS TRÈS PROFONDS TANDIS QUE JE QUITTAIS LA PIÈCE. JE FILE TOUJOURS QUAND LA CONVERSATION DEVIENT PHILOSOPHIQUE.

TU VAS AVOIR DE VRAIS ENNUIS, JEUNE HOMME !

J'ACHEVAIS À PEINE D'ASSEMBLER LES PIÈCES DU PUZZLE QUAND UN HOMME DE MAIN SORTI DE NULLE PART ENTREPRIT DE ME MASSER LA FIGURE À COUPS DE POINGS.

QUAND IL FINIT, UNE SYMPHONIE DE PERCUSSION RÉSONNAIT DANS MA CABOCHE. COMME SI L'ORCHESTRE DONNAIT UNE SÉRIE DE DIX CONCERTS DANS MON CERVEAU, AVEC UN ABONNEMENT POUR LE PREMIER RANG.

J'AVAIS DÉCOUVERT QUI AVAIT MASSACRÉ LE SALON DE LA FEMME. JE N'AVAIS AUCUNE RAISON DE LUI DIVULGER L'INFORMATION.

DE PLUS, LE COUPABLE ÉTAIT UN DE MES POTES. JE CLÔTURAI L'AFFAIRE.

ON AURAIT PEUT-ÊTRE DÛ JOUER DEHORS, NON ?

C'EST QUOI AUJOURD'HUI ?

RIEN JUSQU'ICI.

"JUSQU'ICI" ?

BEN, ON SAIT JAMAIS. QUELQUE CHOSE POURRAIT ARRIVER.

ET SI QUOI QUE CE SOIT SE PASSE, JE SERAI PRÊT !

J'AI BESOIN D'UN TEL COSTUME.

JE VIENS DE VOIR UNE PUB POUR UNE CROISIÈRE DE LUXE. POURQUOI ON NE PART JAMAIS EN VACANCES COMME ÇA ?

LES VACANCES NE SERVENT QU'À LA COMPARAISON !

HUH ?

CHAQUE ANNÉE, ON PASSE UNE SEMAINE DANS DES TENTES FROIDES ET INCONFORTABLES, POUR QUE LE RESTE DE L'ANNÉE RESSEMBLE À UNE CROISIÈRE DE LUXE. COMME ÇA TA VIE RESSEMBLERA À DES VACANCES.

PITIÉ, DIS-MOI QUE J'AI ÉTÉ ADOPTÉ !

JE NE CROIS PAS QUE LES MATHS SOIENT UNE SCIENCE, MAIS UNE RELIGION.

UNE RELIGION ?

OUI. TOUTES CES ÉQUATIONS SONT DES MIRACLES. TU PRENDS DEUX NOMBRES ET QUAND TU LES ADDITIONNES, ILS DEVIENNENT MAGIQUEMENT UN NOUVEAU NOMBRE ! PERSONNE NE PEUT DIRE COMMENT ÇA SE PASSE.

TOUT CE LIVRE EST PLEIN DE TRUCS QUI DOIVENT ÊTRE ACCEPTÉS DE BONNE FOI. C'EST UNE RELIGION !

ET DANS LES ÉCOLES PUBLIQUES ! APPELLE UN AVOCAT !

EN TANT QU'ATHÉE DES MATHS, JE DEVRAIS EN ÊTRE DISPENSÉ.

CALVIN et HObbES

WATTERSON

BOK BOK BOK
BOK

JE SUIS ASSEZ VEXÉ : LES FABRICANTS CROIENT IMPLICITEMENT QUE ÇA DEVRAIT M'AMUSER.

HÉ, PAPA, HOBBES DIT QUE LES TIGRES ONT MIEUX ÉVOLUÉ QUE LES HUMAINS.

IL DIT QUE SI NOUS NOUS AFFRONTIONS À ÉGALITÉ, SANS ARMES, LES GENS NE SERAIENT QUE DE LA NOURRITURE POUR CHATS ! DIS-LUI QUE CE N'EST PAS...

TIENS ! UN FRANC.

TU EN AVAIS PARIÉ CINQ, TRICHEUR.

BU-URRPP !

CLAP CLAP CLAP CLAP CLAP CLAP

L'AUTEUR ! L'AUTEUR !

BRAVO ! BIS !

PHILISTINS.

JE VAIS PAS À L'ÉCOLE AUJOURD'HUI.

AH BON ?

NON ! JE RESTE À LA MAISON À REGARDER LA TÉLÉ !

APPAREMMENT, J'AI ÉTÉ MAL INFORMÉ.

AUJOURD'HUI, POUR MON EXPOSÉ, J'AI APPORTÉ UNE DE MES INVENTIONS BREVETÉES !

J'AI DANS MA MAIN UN CRÉTINIZEUR INVISIBLE ! UN TIR TRANSFORME LA VICTIME EN UNE ANDOUILLE BAVANTE, UN NIGAUD, UN CRÉTIN ABSOLU !

OH, BIEN SÛR, CALVIN ! LÂCHE-NOUS UN PEU !

COMME VIENT DE LE PROUVER JÉRÉMIE, IL A UNE LONGUE PORTÉE.

HÉ !

TU AS TROUVÉ DES OS DE DINOSAURES ?

NON.

SI SEULEMENT ON VIVAIT DANS LE MONTANA. LÀ-BAS, C'EST PLUS FACILE PARCE QUE L'ÉROSION DÉCOUVRE LES FOSSILES.

ICI, TOUT CE QU'ON PEUT FAIRE C'EST CREUSER ET ESPÉRER !

TU AS OPTÉ POUR L'APPROCHE SYSTÉMATIQUE ?

OUI. JE PENSE DEVOIR BOUGER CET ARBUSTE.

NYUP NCHYUP

JE CROIS QU'UN ROT EST MORT EN ESSAYANT DE SORTIR DE MA BOUCHE.

J'AI SOIF.

:CRAC:

DES YEUX DE MONSTRE!

AU SECOURS! IL ME COURT APRÈS!

IL M'A EU! JE SENS SES HORRIBLES CROCS!

VLAN BONG

ENCORE DU SOMNAMBULISME!

RETOURNE AU LIT CHÉRI. TU AS FAIT UN CAUCHEMAR.

OH, C'ÉTAIT TOI.

C'EST VRAIMENT EFFRAYANT D'AVOIR UN COPAIN QUI A LES YEUX QUI BRILLENT DANS LE NOIR.

C'EST POUR MIEUX VOIR CEUX QUI SE FAUFILENT POUR SE PRÉPARER UN EN-CAS SANS VOULOIR LE PARTAGER.

J'AI FAIT MON LIT ET MA VAISSELLE DU PETIT DÉJEUNER! BON, JE PARS POUR L'ÉCOLE!

BONNE JOURNÉE.

MERCI. J'ÉTUDIERAI DUR. UNE BONNE ÉDUCATION EST INESTIMABLE.

ÇA MARCHE DU TONNERRE!

JE NE PEUX PAS CROIRE QUE TA MÈRE L'AIT PRIS POUR TOI.

J'AI VRAIMENT PERFECTIONNÉ CE VIEUX DUPLICATEUR, CETTE FOIS.

DUPLICATEUR BIEN MAL

UNE MISE AU POINT ÉTAIT UTILE.

C'ÉTAIT SI SIMPLE D'AJOUTER UN ÉTHICATOR. POURQUOI N'Y AI-JE PAS PENSÉ AVANT?

MAINTENANT, AU LIEU DE FAIRE UN DOUBLE EXACT DE MOI, JE DUPLIQUE MON BON CÔTÉ! IL FAIT TOUT LE TRAVAIL ET J'EN AI TOUT LE PROFIT! C'EST UNE VRAIE ANDOUILLE.

MOI! JE SAIS LA RÉPONSE!

TU AS DÉJÀ TELLEMENT RÉPONDU, UNE AUTRE CETTE FOIS, D'ACCORD, MON CHÉRI?

LA DERNIÈRE FOIS QUE TU T'ES DUPLIQUÉ, TON DOUBLE S'EST FAIT DES DOUBLES. QUELLE PANIQUE!

OUI, MAIS GRÂCE À L'ÉTHICATOR, ÇA NE PEUT PLUS ARRIVER.

EN NE DUPLIQUANT QUE MON BON CÔTÉ, JE ME SUIS ASSURÉ QUE CE DOUBLE NE ME CAUSERA AUCUN ENNUI! C'EST UN VRAI BOY-SCOUT!

DUPLICATEUR BIEN MAL

RIEN DE TEL QU'UNE ANDOUILLE POUR RENDRE LA VIE DE CHACUN PLUS FACILE! IL VIT POUR ÇA!

DUPLICATEUR BIEN MAL

L'ÉTHICATOR A DÛ CHERCHER TRÈS PROFOND EN TOI POUR LE DÉCOUVRIR!

TU PARLES D'UN TYPE FACILE À EXPLOITER.

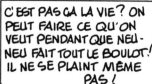

J'AI ENTENDU QUE TU ÉTAIS PLUTÔT GENTIL AVEC LES DAMES! OUH LÀ LÀ!

OH, LA FERME! C'EST CE CRÉTIN DE DOUBLE ET TU LE SAIS BIEN!

BON SANG, IL A ÉTÉ TROP LOIN! JE M'EN FICHE S'IL RANGE MA CHAMBRE ET S'IL A DE BONNES NOTES, MAIS IL DÉPASSE LES LIMITES EN ÉTANT GENTIL AVEC SUZIE! C'EST UNE FILLE!

OH, JE CROIS QU'IL S'EN EST APERÇU. JE L'AI VU COUPER UN COEUR EN PAPIER ROUGE!

AARGH!

"... Et qui fait battre mon coeur d'une façon si jolie? C'est toi et seulement toi, ma chère Suzie.

NE ME DIS PAS QUE MON DOUBLE ÉCRIT DES BAFOUILLES À SUZIE!!

TOI, T'ES UN VRAI PETIT CHARMEUR!

JE SUIS LE DICTATEUR À VIE DU CLUB DEHORS ÉNORMES FILLES INFORMES. MA RÉPUTATION! MON HONNEUR! ON DOIT L'ARRÊTER!

VITE! IL DOIT ÊTRE EN ROUTE POUR LA MAISON DE SUZIE!

TU DOIS TE FAIRE BIZOUILLER, À PRÉSENT! DES BAVEUX!

ENCORE DES SARCASMES?? ARRÊTE ÇA OU JE TE DÉMOLIS, CALVIN!

ENCORE TOI?

JE SUIS DÉJÀ VENU ICI?

TU ES FOU? TU ÉTAIS LÀ IL Y A DEUX MINUTES!

OH OH! JE NE SUIS PLUS LÀ, HEIN?

MAIS TU ES LÀ MAINTENANT!

TOUT LE MONDE LE SAIT, ÇA! MAIS EST-CE QUE JE SUIS AUSSI AILLEURS?!

PFFF! QUI PEUT COMPRENDRE L'ESPRIT FÉMININ?

JE LES AIME QUAND MÊME.

VLAM

AH, TE VOILÀ !

AH, TE VOILÀ !

C'EST QUOI CETTE IDÉE D'OFFRIR UNE CARTE D'AMOUR À SUZIE ? T'ES FOU ?!

ELLE NE L'A MÊME PAS ACCEPTÉE ! TU ES SI BÊTE QU'ELLE SE MÉFIE DE TOI !

QUI TRAITES-TU DE BÊTE ESPÈCE DE BÉBÉ À SA MAMAN !

TOI, SALE GOSSE ÉGOÏSTE ET MANIPULATEUR.

WAOU, ÇA C'EST DE L'EXISTENTIEL !

ALORS, C'EST LA BAGARRE QUE TU VEUX ? JE VAIS TE DÉMEMBRER.

AH OUI ? AH OUI ?

OUPS ! J'AI EU UNE MAUVAISE PENSÉE -

FFTT

ENCORE UN ACCIDENT DE MÉTAPHYSIQUE !

MON ÉTHICATOR DOIT AVOIR UN PHANTASMATRON MORAL À DÉCLENCHEMENT DE COMPROMIS INTÉGRÉ ! JE SUIS UN GÉNIE.

TU ES LA SEULE PERSONNE QUE JE CONNAISSE DONT MÊME LE BON FOND EST TENTÉ PAR LE MAL.

VOILÀ POURQUOI IL S'EST ÉVAPORÉ !

IL NE POUVAIT ÊTRE PARFAIT QU'EN THÉORIE. SOUS SA MANIFESTATION HUMAINE, IL VOULAIT M'ÉTRANGLER, IL S'EST SPECTRALISÉ JUSTE À TEMPS.

FASCINANT.

OUI.

BIEN SÛR TU DEVRAS FAIRE TES DEVOIRS TOUT SEUL.

EN FAIT, COMME MON BON CÔTÉ N'EXISTE PLUS PHYSIQUEMENT, IL M'EST ENCORE PLUS FACILE DE L'IGNORER.

CalviN et HObbEs

WATTERSON

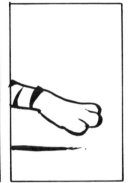
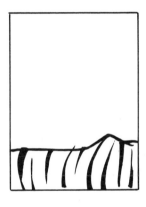

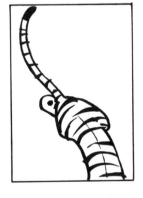

LES BD QU'IL LIT SONT BIEN TROP VIOLENTES!

OUI! REGARDE COMME IL EST NERVEUX.

VOILÀ, FIN DU CHAPITRE UN. ON S'ARRÊTE LÀ.

NON, LIS TOUT LE LIVRE, D'ACCORD?

CALVIN, IL Y A ENCORE UNE CENTAINE DE PAGES ET IL EST TARD. NOUS LIRONS DEMAIN.

NON, NON! FINIS-LE CE SOIR!

DIS DONC, TU DOIS VRAIMENT L'AIMER.

JE DOIS EN ÉCRIRE UN RÉSUMÉ POUR DEMAIN.

TU SAIS CE QUE J'AI NOTÉ? LES CHOSES NE T'EMBÊTENT PAS SI TU N'Y PENSES PAS.

DÈS MAINTENANT, JE NE PENSERAI PLUS À CE QUE JE N'AIME PAS, ET JE SERAI HEUREUX TOUT LE TEMPS!

TU NE CROIS PAS QUE C'EST UNE FAÇON PLUTÔT IRRESPONSABLE DE VIVRE?

QUEL BEL APRÈS-MIDI!

QUE FAIS-TU SOUS LA PLUIE?

UN CONCOURS DE VOLONTÉ! C'EST MOI CONTRE LA NATURE!

LEQUEL DE NOUS DEUX ABANDONNERA EN PREMIER! EST-CE LA NATURE QUI ARRÊTERA DE PLEUVOIR, OU BIEN MOI QUI RENTRERAI? JUSQU'ICI, C'EST INCERTAIN MAIS JE SUIS BIEN DÉCIDÉ À GAGNER!

KABOOM!

OOOH! QUEL VACARME! TU NE ME FAIS PAS PEUR! CONTINUE! JE NE RENTRERAI PAS!

LE PAUVRE, IL NE PEUT PAS SUPPORTER LE SUSPENSE!

CALVIN et HOBBES

WATTERSON

OH OH, VOILÀ CALVIN...

..., LE MODÈLE PARFAIT DU SALE GOSSE INCURABLE.

SALUT CALVIN, C'EST POURQUOI CE MASQUE ET CE SEAU ?

HUMPH.

VOICI UN POÈME : FAIS CE QU'IL DEMANDE S'IL TE PLAÎT ! POUR TOI VOICI DONC UN SEAU REMPLI, D'EAU BIEN GLACÉE !

S'IL TE PLAÎT, PRENDS L'EAU, SUR MOI, VERSE CE SEAU, N'HÉSITE PAS ! FAIS-LE DE CE PAS !

ATTENDS DE TOUCHER LA ZONE "POÈME MORTEL"! TU VAS LE REGRETTER.

YOUP!!! J'ADORE JOUER AU CALVINBALL! VOILÀ UNE ZONE DE SAC DRAPEAU !

WATTERSON

M. SUBTILITÉ A ENCORE MARQUÉ UN POINT.

Transcontinental
IMPRESSION
IMPRIMERIE GAGNÉ

IMPRIMÉ AU CANADA